El mundo que nos robaron

El mundo que nos robaron esta compuesto por diez ideas actualizadas del blog Ongdirecta. Ideas humanitarias y ecológicas: 1ª Los objetivos del milenio, 2ª Ahorrar millones de litros de agua al día, 3ª El mejor sistema de emergencias, 4ª Supervolcanes la humanidad en peligro, 5ª Ahorro de electricidad, 6ª Satélites para cuidar de nuestra naturaleza, 7ª Plan de contingencia para cambios climáticos, 8ª Generar electricidad dentro de las tuberías, 9ª Millones de puestos de trabajo, 10ª Mecánica cuántica y ciencia ficción.

Nota

El beneficio económico de toda la obra de Gregorio Martínez Fernández se destina al mantenimiento de la página web de Ongdirecta y a los viajes solidarios de dicha organización.
www.ongdirecta.org

1ª Los objetivos del milenio

Los objetivos del milenio son erradicar la pobreza, el hambre, la sed, el impacto del cambio climático y asegurar un trabajo digno a millones de personas. Y por añadir el encumbramiento a lo más alto de los derechos humanos. Tan solo una idea puede generar con garantías tales proyectos humanitarios. La idea es muy sencilla; llevamos el agua del mar al interior de los desiertos para que el sol la evapore, o mediante algún mecanismo la evaporamos con nuestra tecnología. De camino al estanque final podemos hacer depuradoras de agua para abastecer a las poblaciones humanas, animales o vegetales; también se pueden hacer piscifactorías, y canales de riego que lleguen hasta los lugares que se precise. A priori con la evaporación de agua se generarán nubes y por lo tanto se puede aspirar a una regeneración de la atmósfera y de la calidad de vida humana. No podemos resignarnos al cambio climático por mucho que se habrán nuevas rutas comerciales por el ártico, o por los casquetes polares, o por muchas reservas naturales que contengan para nuestro progreso. Es la muerte de millones de personas a algo que se asemeja bastante a un genocidio controlado.

Fregaderos ecológicos. La idea crearía millones de puestos de trabajo: diseño, fabricación, reconversión, instalación, etc... Y seria una inversión rentable para los consumidores.

Todos los amantes de la naturaleza y sus recursos, necesitamos el compromiso firme de nuestros gobiernos, para el desarrollo y puesta en marcha de una idea ecológica que podría ahorrar millones y millones de litros de agua al día, así como generar miles de puestos de trabajo. Por ese motivo les pedimos el estudio, calificación y desarrollo de tal idea para el beneficio de los pueblos del planeta. El mundo cambiara si invertimos en sus cambios. Ante la amenaza constante de la sequía y el cambio climático, se ve obvia la necesidad de promover sistemas que ahorren agua. La idea es muy sencilla: he fregado platos en un restaurante, y me he fijado en la cantidad de agua que se despilfarra descongelando pescado y otras materias alimenticias. El agua se marcha por el fregadero prácticamente limpia y clara. Se puede hacer un subdepósito de agua "con el sistema de las fuentes de agua" con su bomba hidráulica para que retorne el agua sin desperdiciarla por el desagüe.

(Con sus filtros para que no se pudra el agua, con su vaciado de deposito, con dos posiciones: fregadero normal, fregadero hibrido). Pero lo interesante seria hacerlo por ley en los hoteles, restaurantes y bares. Poco a poco también se puede introducir al ámbito domestico, subvencionando a los ciudadanos para que incorporen en sus hogares la tecnología necesaria que culmine la idea base.

Otros aspectos; con el agua que esperamos antes de que salga del termo caliente, "en la ducha o en la bañera" la recogemos con un subdepósito y la derivamos al fregadero, que siempre se encuentra cerca de la ducha. Esa agua esta limpia, y podemos aprovecharla perfectamente. Otro detalle: con jabones ecológicos podemos seguir lavando platos sin malgastar agua. (No se cuantos depósitos). Los hoteles pueden tener grandes depósitos de agua, y se necesitaría obreros, fontaneros, pintores El agua de los depósitos puede terminar siendo abono liquido, (alguna empresa puede comercializarlo, distribuirlo). Más trabajo en repartidores, comerciales, etc.

3ª El mejor sistema de emergencias

Anoche me acosté pensando en los sistemas de emergencia, ante catástrofes naturales, que tenemos en Europa o en América, y se me ocurrió una idea brillante, y de alcance internacional. En la idea tenía el apoyo de las compañías de telefonía, en caso de conflicto bélico, terremotos inminentes, tsunamis, u otros desastres humanitarios: las compañías de telefónicas deberían mandar un SMS en el radio de acción del desastre. De esta manera, también se podría mandar en casos específicos, a cada persona un protocolo de emergencia a seguir en su propia localización. (Y para colmo de la organización todos los miembros de organizaciones humanitarias o gubernamentales, se pueden coordinar al unísono, o ser llamados a sus sedes).

Imaginaros que los bomberos pueden dar unas coordenadas: El edificio San Pedro se esta quemando. SMS a todos los que se encuentren en las cercanías del lugar… Desalojen por las escaleras cuatro y seis.

4ª Súper volcanes, la humanidad en peligro

Existen muchas teorías de como los "supervolcanes" acabarán con la vida en el planeta, tal y como la conocemos. El volcán de Yellowstone en Estados Unidos de América es un ejemplo de peligro irrefutable. (Lo que me extraña es que los científicos no tengan auténticos planes de emergencias para salvar al mayor numero de seres humanos). Por eso le dedicaré un tiempo humilde y sensato de mi propia vida para inspirar a las mentes más privilegiadas del mundo. Las explosiones volcánicas se producen por el aumento de gases y la subida de magma en el interior de los volcanes, es una olla a presión cimentada por miles de toneladas de piedras… ¿Taladramos las capas terrestres "por donde se pueda" y hacemos las salidas de gases? (No me preguntéis el tamaño del taladro ni cuantos agujeros se precisarían…), y por otro lado, desde los laterales se puede intentar guiar a la lava, en una hipotética erupción hasta las zonas deseadas. Hacen falta diques, y quizás poder provocar la explosión por el lugar deseado si hiciera falta. Hay otro método que puede ser mucho más avanzado "tecnológicamente" y seria perforar desde el mar, hasta un punto determinado del volcán. Seria desangrarlo desde algún punto profundo o desde un lateral, con pendiente, y guiado hasta otro abismo marítimo.
La humanidad tiene muchísimos peligros, y solo las ideas titánicas le darán la salvación.

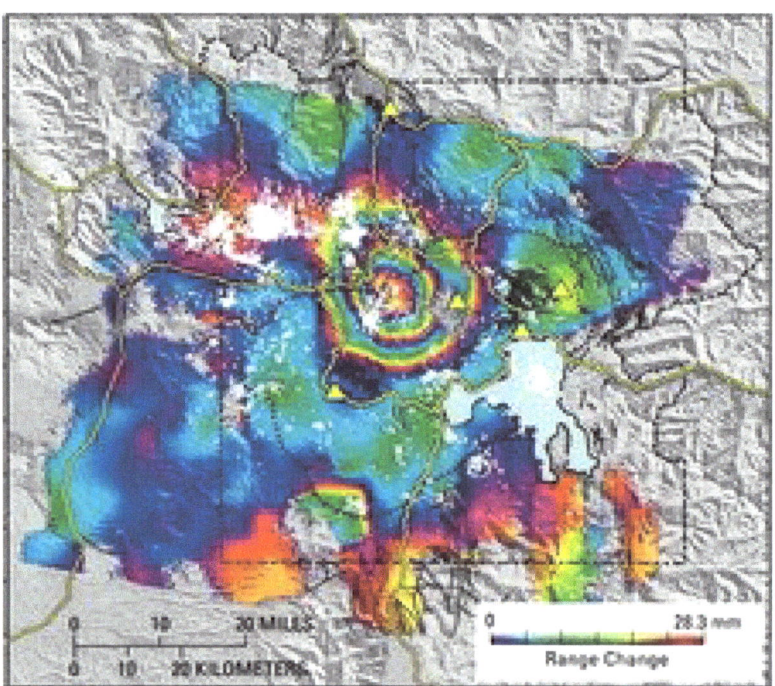

5º Ahorro de electricidad

¿Queréis que los ayuntamientos ahorren millones de kilovatios de electricidad? Las bombillas de bajo consumo están muy bien, pero en las calles las farolas públicas gastan energía desmesuradamente y son altísimas. La solución; que las farolas sean mucho más bajas y de esta manera necesitarán menos energía para alumbrar lo mismo. (Las ciudades del futuro y los pueblos que se funden, que no tengan el mismo error). ¡¡¡Claro!!! Con el dinero de los demás, bien que se hacen los proyecto faraónicos y beneficiosos para las empresas de electricidad.

6ª Satélites para cuidar de nuestra naturaleza

Todos los años, en el mundo, en las épocas estivales, se suceden decenas de incendios forestales, cuya extinción se desata con autentico dramatismo e impotencia.
Hay infinidad de victimas humanas, animales y vegetales.
La pronta actuación de los servicios de emergencias es vital para la salud de nuestros bosques, o del patrimonio natural.
Por estos motivos, insto a la habilitación de satélites, "públicos" para escanear y fotografiar nuestras geografías, cada minuto, así cómo se hace para el estudio del universo o de otros planetas.
Los satélites se pueden programar para que salten las alarmas contra incendios a partir del metro cuadrado ardiendo. También pueden buscar focos de calor… Es elemental entender, que para los bomberos o hidroaviones, es más fácil apagar un incendio en el inicio casi inmediato, que cuando se extiende desbocado presa de los vientos. Al llegar en minutos, su extinción prácticamente es acorde al nivel de nuestros recursos tecnológicos.
Nota de autor
Imaginad, un país cómo España se recorre en avión en una hora aproximadamente, con la alerta en minutos, puede llegar un hidroavión enseguida. No cómo ahora, que llega el hidroavión cuando ya hay cientos de hectáreas quemadas. El sistema actual de apagar incendios, es cómo apagar hogueras con una jeringuilla.
(Quizás únicamente falte, situar los aeropuertos cerca del patrimonio de nuestra naturaleza),
ah, se me olvidaba, los hidroaviones hacen decenas o centenas de viajes para apagar los incendios, pues de esta manera tal vez hagan uno o dos viajes por incendio, ahorrando de esta manera miles de litros de combustible al año.

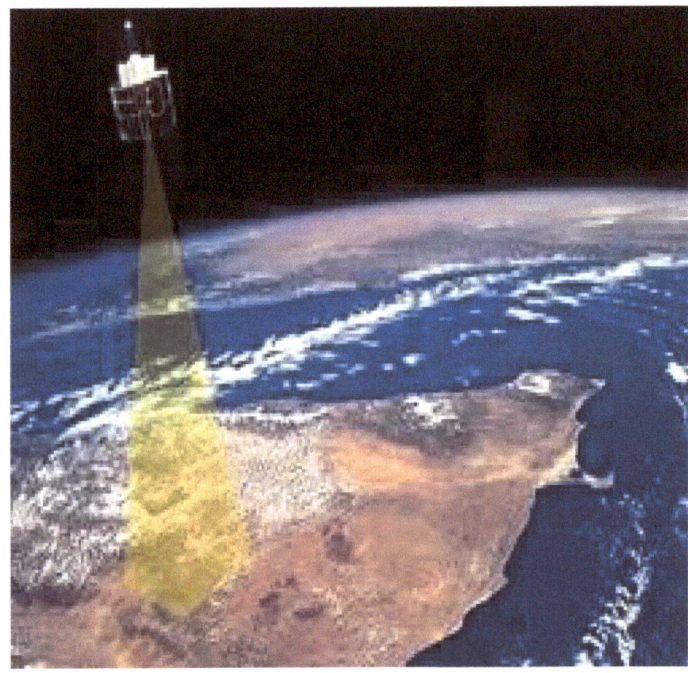

7ª Plan de contingencia para cambios climáticos

¿Cambios climáticos y glaciaciones en el planeta? ¿Otras humanidades? ¿Dioses que nos protegen o nos castigan en el transcurso de la historia? ¿La humanidad tiene un origen extraterrestre? No creo que os pueda responder todas las preguntas pero hay una idea que me perturba en el cerebro. Yo si quisiera hacer un plan de contingencia para las devastaciones naturales, indudablemente soterraría el cableado eléctrico que transporta la electricidad a las ciudades, y si pudiera haría lo mismo con las centrales eléctricas, llámense centrales nucleares u otras fuentes para generar energía, las haría a profundidad. Evidentemente la humanidad podría sobrevivir a cualquier cataclismo…
(En el caso de los terremotos, si a cada cien metros de cable le ponemos diez metros de cable sobrante, "la idea es que el cable se estire en caso de socavones en la tierra", pues ya tendremos un mecanismo fiable que "sobre garantiza" el fluido eléctrico.
Ahora voy a por las curiosidades: tanto extraterrestres cómo otras humanidades más avanzadas que la nuestra habrían sobrevivido con un plan de contingencia similar a este.
Uyyy, e visto un documental de ufología que enseñaba fotos de objetos volantes no identificados cerca de volcanes… y en otro documental escuche el testimonio de personas indonesas diciendo que antes del tsunami se veían luces en el cielo…
(Placas tectónicas, movimientos sísmicos…). ¿Qué estarán haciendo? ¿Las centrales eléctricas del futuro vuelan y aprovechan perfectamente las energías renovables?
(¡Quiero una nave de esas! Je…je…).

Nota de autor
Podemos empezar el cambio desde ahora, y los países que sean conscientes, que no renueven el tendido eléctrico de superficie e inviertan en la substitución del cableado actual. Cuando tengan algún huracán o algún desastre natural que aprovechen para cablear el tendido eléctrico bajo tierra y con tuberías herméticas, "preferiblemente elásticas", (las tuberías), que os lo tengo que escribir todo… (Tal vez en cien años sepamos hacer centrales eléctricas bajo tierra y no precisamente nucleares…).
Hay una cosa curiosa en la mecánica cuántica y en la ciencia ficción: la mayoría de desastres tienen que ver con el agua, no estaría de más hermetizar todos los complejos y hacerlos "reflotables", en el hipotético diluvio universal que se desprendan de su habitáculo terrestre para emerger a la superficie en caso de inundación.

8ª Generar electricidad dentro de las tuberías

Simplemente la idea seria una adaptación a otro medio alternativo. Yo utilizaría los mismos sistemas tecnológicos, pero pondría los generadores encerrados, o conectados en el lateral de las tuberías, que llevan el agua potable a las ciudades. Por supuesto que montados en serie en kilómetros de tuberías. La velocidad del agua será constante, y mucho más rápida que el viento
"en muchísimos tramos de los conductos según la geografía, o en las caídas de agua"
e incluso puede que la energía extraída con este sistema tenga mejor proyección hacia el futuro que las energías extraídas de las corrientes de aire o marinas.
(Incluso con sistemas de hélices hidrodinámicas se puede aumentar la velocidad del propio fluido, o ralentizarla... Depende de cuantos generadores se pongan, y la posición de sus hélices).
Lo importante siempre seria la presión que puedan soportar los conductos. También se pueden crear un sistema de tubería que giren sobre su propio eje, y sea la tubería misma, una hélice tubular que recoja la energía de rotación.
(Pueden haber muchas variaciones funcionales pero lo importante seria aprovechar la velocidad del agua dentro de las tuberías gigantes).
Detalles:
No atenta contra el paisaje.
Respeta el medioambiente.
Crea trabajo en diferentes sectores: diseño, ingeniería, industria, reconversión, obras públicas. Etc...
Todos los beneficios de las energías alternativas.
Podemos reinventar nuestro mundo, y la manera de adaptar y utilizar poco a poco todas las energías eficientes y limpias para nuestro entorno y necesidades.
A las ciudades o pueblos que se les lleve el agua potable por primera vez, se le puede llevar al mismo tiempo la electricidad.
Desarrollo sostenible.

9ª Millones de puestos de trabajo

Antes nos ponían la gasolina y ahora te la pones tu y pagas en caja.
¿Cuantos puestos de trabajo han quitado las empresas de telefonía al insertar los dichosos contestadores automáticos? A los minutos ya estamos discutiendo con la maquina hasta que finalmente nos pasan al operador. El dilema a la crisis laboral; una retro reconversión laboral, rápido, eficaz y muy coherente... (o por lo menos es una opción más). Es evidente de que la tecnología ha devaluado el esfuerzo humano y cada vez con más frecuencia nos sustituyen las maquinas. La población aumenta su número y no hay manera de que quieran generar más puestos de trabajo. ¿Qué pueden inventar para tenernos entretenidos? ¿Cómo ganaremos un sueldo para mantener a los nuestros? Las contestaciones se reducen a una; un sacrificio que regule el progreso sostenible de nuestra inteligencia e intereses, y obviamente es el receso tecnológico (por lo menos en todo lo que pueda hacer un ser humano no lo tiene por que hacer una maquina), así en muy poco tiempo encontraremos nuestra hegemonía social.

Todos los futuros imaginados llevan el estigma de la tragedia. Desastres naturales, cambio climático, meteoritos que van a la tierra, el sol que se extingue, superpoblación y represión, sociedades de autómatas, tecno dictaduras, terroristas nucleares, extraterrestres invasores… La cuestión es de física elemental; estamos muy jodidos en el mañana… (No podemos imaginar un futuro feliz, por lo tanto no existe). Pero todo esto, o casi todo puede cambiar; afortunadamente nada se puede predecir, porque cualquier mínima variante, desajusta el resultado general. Vosotros sois la variante. Vosotros podéis transformar el mundo, adivinar las mejoras, y caminar en la línea del tiempo, seguros de que las amenazas se van disipando, precisamente porqué habéis elegido otros caminos… Gracias por todos…

La segunda entrega de "El mundo que nos robaron,

El mundo que nos robaron

2ª parte Psicocanivalismo

Gregorio Martínez Fernández

Psicocanivalismo", esta compuesto por otros diez pasajes actualizados del blog Ongdirecta: Misticismo, filosofía, humanidades, y apolítica general en el mismo conjunto de ideas destinadas a un contraataque psicológico global.

1ª Una humanidad con cargos de conciencia que no son suyos.
2ª Mensajes subliminales y política.
3ª Tus manos están manchadas (sigue votando a desalmados).
4ª Psicología del mal.
5ª Revélate ante el destino.
6ª La evolución del ser.
7ª Análisis de la anatomía de Dios.
8ª Operación Adn corruptus.
9ª Mecánica cerebral.
10ª La pandemia psicológica del siglo XXI.

1ª. Una humanidad con cargos de conciencia que no son suyos

¡La raza humana somos una mierda! Es la frase más absurda e idiota que he escuchado
nunca. Cuantas personas me han dicho esto en conversaciones y les he contestado:
¿Has torturado? ¿Has matado a alguien?
¿Con tus decisiones o acciones has participado en guerras o asesinatos?
(Es lo que yo siempre les digo). Lo que yo no me puedo explicar es de qué manera ese
pensamiento se ha trasladado al consciente colectivo para culpabilizar a inocentes.
El poder, el egoísmo, la ambición de los gobernantes, los políticos y sus políticas asesinas,
ellos, y lo que representan son la enfermedad mundial. Por eso que jamás te escuche decir
sandeces, mi pequeño soldadito, mil veces adoctrinado, de generación en generación, y en
cualquier lugar del planeta.

2ª. Mensajes subliminales y política

Los medios de comunicación trabajan para los grandes poderes económicos y para los políticos, y su búsqueda de audiencia hacia el exterior es para manipular a sus usuarios cuando lo deseen. (En el caso de las televisiones; pueden tener programaciones muy entretenidas e interesantes, pero cuando llega el momento bien que se decantan políticamente para su zona, igual que los periódicos...). Se necesitan medios de comunicación imparciales que traten estos asuntos, o simplemente medios de comunicación especializados en política. Lo que no puede ser es que siempre se dediquen a ese protagonismo mediático y polarizador hacia sus interesados. Siempre alabando y dándole minutos en las primeras paginas de todos los diarios o en todas las entradas de los telediarios a sus estrellas mediáticas. ¿Mensajes subliminales? Por lo visto esto es la realidad, y supera con creces a la imaginación. ¿Una bipolarización política nacional? ¿Una bidolarización política global? Este adoctrinamiento por partida doble no me parece justo ni ético, por no decir de la quimera hacia los pueblos y el tratado deshonesto hacia sus ciudadanos. ¿Somos marionetas? Sin lugar a dudas necesitamos reformas de las leyes audiovisuales para dar una igualdad de medios para todos los partidos políticos que pretendan representar al conjunto de las ciudadanías. Es elemental entenderlo pues de lo contrario se juega en una cancha de tenis en la que el dueño prepara a sus ganadores y con sus reglas.

3ª Tus manos están manchadas. (Sigue votando a desalmados).

Con tú voto financias las guerras, el hambre, la sed en el planeta, los desahucios, las injusticias sociales, y te crees que estas limpio; eres el cómplice inconsciente de millones de asesinatos. Apoyas el espoleo global a la naturaleza, la explotación laboral, los genocidios... Y únicamente hay una manera de cambiar el mundo; deja de votar a peleles del capitalismo. ¿Te imaginas otra sociedad? Pues es posible si las personas recapacitan. ¿Cómplices? ¿Ignorantes? Ahora ya no. Comparte, difunde, discute por el raciocinio. Las cosas indudablemente pueden cambiar votando a otros que por lo menos tienen la presunción de inocencia.

4ª. Psicología del mal

Quizás en el principio del Cristianismo se reunió un grupo de creyentes
y pregunto uno: ¿Cómo podemos demostrar nuestra fuerza y nuestra fidelidad al creador?
Otro contesto: ¡No teniendo relaciones sexuales! ¡Qué mayor prueba puede haber para un
hombre! Han pasado siglos desde entonces, pero el significado original del celibato no era
más que el poder mental. Dominar nuestros instintos y pensamientos, ser inquebrantables
ante las tentaciones y los pensamientos, por decirlos de alguna manera extraños. Ahora el
celibato lo vemos arcaico," y lo es ", pero los seres humanos hemos dejado de entrenar a
nuestro cerebro. Somos victimas de nuestros propios pensamientos, y cualquier incitación a
la violencia mental o física nos secuestra de la razón. ¿Han dicho esto de mí? ¡Se va a
enterar! Y la mayoría de veces son ascuas y mal entendidos, cuentos exagerados que
deforman nuestras relaciones humanas, y solo hacen de un vencedor: ese mal, cuya mejor
virtud es hacernos creer que no existe. Por eso seas creyente o no sanea tu cerebro, y hazte
fuerte en la cordura. ¡Qué no te influya el entorno, las circunstancias, o algunas palabras
dedicadas para tu locura!

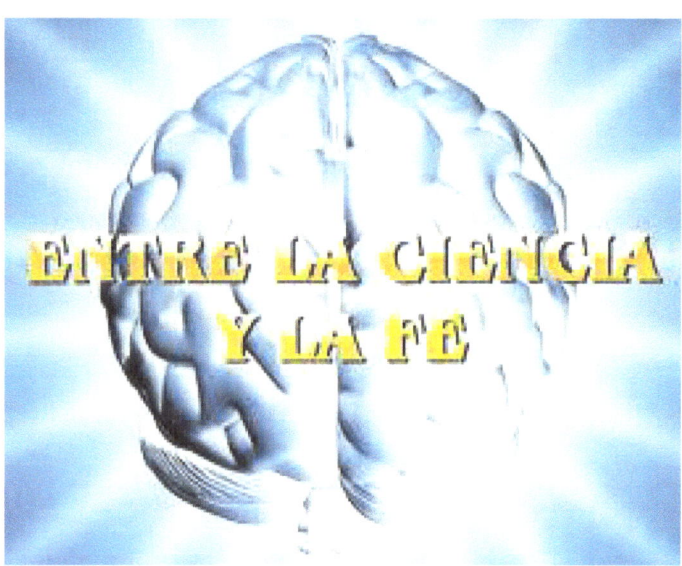

5ª. Rebélate ante el destino

La ciencia en psicología nos dice que la inteligencia es poco útil porque los seres humanos sólo percibimos un mínimo por ciento de la realidad. (Creo que es un 5% de la realidad).
A lo que se alega cómo más eficiente al propio instinto frente la inteligencia, por la sencilla razón de que el cerebro intuitivamente y en milésimas de segundo pone toda la experiencia en funcionamiento.
Pensar es menos eficiente que seguir los pasos de la intuición. Ahora bien y en tono de crítica científica y mística: ¿Cómo se puede dudar de la vida después de la muerte?
¿O de la existencia de energías que nos manipulen a todos? Si desde el principio de los tiempos los seres humanos han creído en el más allá; miles de religiones o pueblos del planeta, millones y millones de seres humanos, millares de generaciones.

Yo que soy un creyente muy especial, pienso que si siento odio y lo traslado a los supuestos "afectados de mi ira" indudablemente estaré trasladando una vibración malévola, por lo tanto no debo seguir los impulsos que cambiarán mi destino, o el destino de todos los seres que interconectamos. Por esa razón me contrapongo a lo dictado por mis efluvios demenciales, siendo una rama natural, alejándome de lo que supuestamente se encuentra previsto para mí ocaso humano, (((o escrito también para los que me rodean; la bola de nieve no tiene porque hacerse más grande))).

6ª. La evolución del ser

Los Nazis buscaban perfeccionar su raza a base de cruzar los mejores "especímenes humanos" y hay estudios que dicen claramente que si se hace eso, al final salen individuos con malformaciones físicas y psíquicas. Estas deducciones se pueden dimensionar al pensamiento humano. Me explico: hacemos conjuntos, de políticos de izquierdas o de derechas, o con las religiones, (da igual), conjunto de cristianos, de musulmanes o de budistas. Si nada más te nutres de una línea de pensamientos, al final parece que la inteligencia queda seriamente menguada. ¡No hay evolución posible! Por ese motivo el mestizaje de las ideas es esencial, en busca de la verdad, y de la coherencia humana.

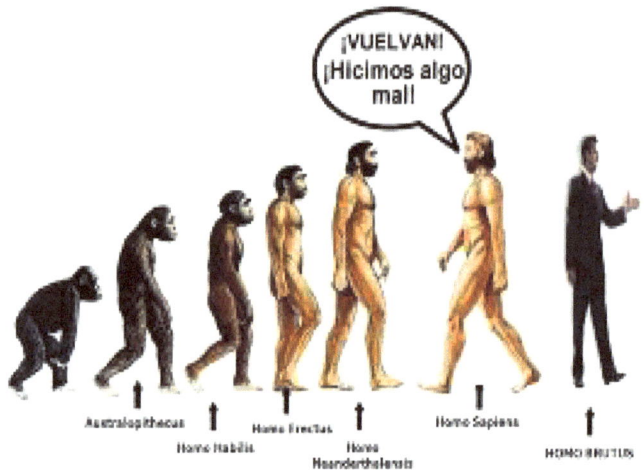

7ª. Análisis de la anatomía de Dios

¿Cuántas clases de energías etéreas conocemos? Digamos que todas se encuentran entre nosotros. No solo activamos mecanismos energéticos con la voz o con las palabras, sino que las imágenes o los sucesos acompañan a la teoría sistemática que describiré a continuación; cómo emisores y receptores emitimos la rabia, el rencor, la apatía, el engaño, la avaricia, y un sinfín de vibraciones negativas. (Recibimos las energías y las trasladamos a los que nos rodean en una especie de propagación viral). Las cualidades humanas, en cambio, se trasladan igual, pero con un efecto muy inferior a lo deseado. Indiquemos pues, que las cargas energéticas se encuentran latentes o dormidas, y obviamente halla una selección vital, que se enfrenta constantemente a maniobras personales e interiores para su evolución o para su involución personal. Hace tiempo hice una "poesía" que me abrió otras hipótesis en el pensamiento.

13ª LA DIGESTIÓN COSMICA

La energía ni se crea ni se destruye,
simplemente se transforma
y lo llamamos muerte.
No es muy diferente de lo que hacemos con el ganado,
"lo criamos al aire libre"
y después lo hacemos de nuestro consumo.
El contenido es lo importante.

Observando el contenido de nuestro interior, y el del exterior se deduce de que si existiera un Dios o un paraíso se nutriría de nosotros, (o bien en la muerte, o bien de nuestros sentimientos en vida).
Por lo tanto, y con las mismas bases de raciocinio todo el conjunto de los defectos humanos, no solamente dominarían esta dimensión de la realidad, sino que también serian dueños y señores de otros planos existenciales. Estas reflexiones me remiten a la personalidad de ese posible "todo, a imagen y semejanza de nosotros", con el entendimiento de que ese "todo", es la suma de nosotros…
el yo en constante movimiento, en constante evolución o involución para un resultado general. El conflicto está servido en el interior del ser, y en el exterior, en la tierra y en otros planos existenciales. Evidentemente de lo que somos no solamente existen escalas de tiempo o dimensiones, somos partículas unidas con virtudes o lacras generacionales, que de las cuales se define la figura del resto predominante.

Nota de autor

Desde esta vida y el presente nos jugamos el futuro, el bien y el paraíso, si cuando muramos no encontramos casi nada de lo que hemos soñado será por la poca fuerza de nuestros sentimientos, frente a la emergencia de otras tendencias. Ahora bien: ¿luchamos por el prohombre o lo dejamos extinguirse? Irremediablemente la historia la lubricamos entre el total de la vida existente.

8ª. Operación ADN corruptus

Contaminan los ríos y sus mares, el aire. Llueve sucio. La tierra absorbe el veneno.
Los tintes en las ropas producen enfermedades mortales.
El alimento se encuentra adulterado con productos de laboratorio.
Los animales de consumo humano se alimentan de piensos de dudosa salubridad.
Se fumigan los alimentos vegetales con productos altamente dañinos para el ecosistema y
para nuestra salud.

Y se podría nombrar un etc. de vértigo, de causas y de consecuencias globales e
individuales: Alcohol, tabaco, drogas... (Generación tras generación de consumo pasivo y
activo).

La consecuencia es que el hombre y su naturaleza se encuentran enfermos; su genética
natural.

Sin ser un científico me juego la nariz, de que todo esto trastoca nuestro código genético,
haciendo a las próximas generaciones de seres humanos más vulnerables a las
enfermedades, e incluso me atrevería a afirmar que seguramente puede influir en nuestra
inteligencia futura.

Realmente es mucho más aterrador lo que pienso.

¿Creéis en el mal o en el diablo?

Tal vez sean los extraterrestres... (Je...je...), antes de la conquista nos van a devolver a los
árboles...

A veces imagino a los políticos del futuro diciendo; ¡Las pasadas generaciones eran
irresponsables! ¡Es de ellos toda la culpa de como esta el mundo ahora! Cuando fueron sus
antepasados "políticos" quienes procuraron la enfermedad degenerativa para el hombre y
para su naturaleza.
A ellos y a sus hijos les servirá la tecnología y la ciencia. Ellos podrán pagar su salud.
El resto de ciudadanos se encontrarán sumidos en la simple tristeza de la supervivencia. La
única solución para cambiar el mundo sin violencia pasa por votar a otros partidos políticos
desde los cuatro puntos cardinales del planeta.

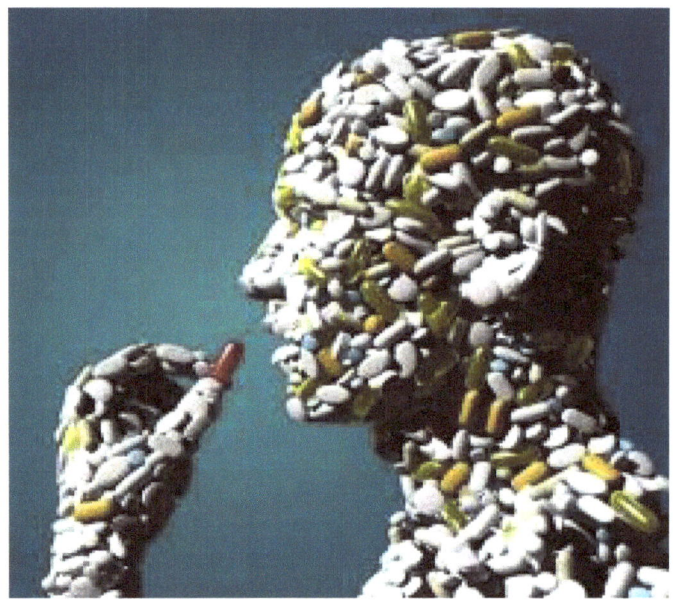

9ª. Mecánica cerebral

¡Qué cansado estas de la vida! ¡Qué harto de todo! ¿No te das cuenta de lo que es el cerebro?
Es una maquina diseñada exclusivamente para la evolución, y la progresión constante solo es posible con la causa y el efecto de la variación. Come cosas distintas, combina de otras maneras, haz cosas diferentes, aprende de otras fuentes. Varía tus horarios, sal de tú entorno. La repetición es tu enemiga... (Repetir puede ser muy adictivo y dañino para el ritmo cerebral).

La paradoja científica nos dice irremediablemente, que el principio de auto limitación, supone un serio peligro para la estabilidad mental, ya que se estanca la propia inercia cerebral, derivando esto a trastornos de la felicidad.

Quizás tú mismo te desequilibras. - No, yo solo como de eso. No, yo soy así.
"De aquello no quiero saber nada". ¡Jo, no me hace falta hablar con nadie! ¡Me encierro y no salgo de casa jamás!

Seguramente tú mismo te estas impidiendo evolucionar, y de manera trascendente estas evitando a tu cuerpo o a tu mente la experimentación elemental, su motivo de ser e interactuar con el entorno, sin lugar a dudas en detrimento de tu propia línea evolutiva.

¿Pero lo importante es ser feliz no? Pues este es el camino; nuevas sensaciones, y nuevos circuitos internos que segregan fluido en las nuevas rutas neuronales. ¡Y otro placer! ¡y otra explosión al conocimiento y a la vida que llevas dentro!

¡Has sido diseñado para crecer sin límites!

10ª. La pandemia psicológica del siglo XXI

Quizás ocho años de experiencia detrás de la barra de un establecimiento de copas, me de el derecho a opinar como el mejor psicólogo del mundo. Siempre y por lo habitual, hay cientos de conversaciones y sobre los mismos asuntos entre los protagonistas. Esto dicen de mí, que dirán de mí, y en definitiva que pensarán los demás. ¡Si les vuelvo a escuchar decir algo de mi, les parto la cara! Es una pandemia. Sus psiques pululan y pululan diariamente con los mismos pensamientos y prácticamente con las mismas respuestas emocionales. Naturalmente muy distorsionados de la realidad. Actúan estresados y al unísono de lo que sienten en esos momentos de auto persecución cerebral. Os contaré un secreto, esto también se lo cuento a ellos; en estos años de experiencia, solo he escuchado hablar a los protagonistas, ellos mismos han echado leña a las palabras, pues los demás van a la suya y se desahogan de la misma forma. El circuito es cerrado y casi todo lo que se escapa, se escapa por ellos mismos. El contenido científico de este relato es cómo en el Vudú; si te lo crees, es cuando tu vida corre auténticamente peligro, en este caso la armonía con el resto de seres humanos que te rodean. Osea, no te creas nada, y como máximo, las noticias en la televisión duran veinticuatro horas de relevancia. Habrá que llamar de alguna manera a este síndrome: "El mal de los autoengaños" me parece un buen nombre. ¡A cuidarse amigos!